雷锋语录

——著

中央编译出版社
Central Compilation & Translation Press

图书在版编目（CIP）数据

雷锋语录 / 雷锋著. -- 2版. -- 北京：中央编译出版社，2025. 2. -- ISBN 978-7-5117-4864-5

Ⅰ．D648

中国国家版本馆CIP数据核字第2025LY7083号

雷锋语录

责任编辑	郑菲菲
责任印制	李　颖
出版发行	中央编译出版社
地　　址	北京市海淀区北四环西路69号（100080）
网　　址	www.cctpcm.com
电　　话	（010）55627391（总编室）　（010）55627392（编辑室）
	（010）55627320（发行部）　（010）55627377（新技术部）
经　　销	全国新华书店
印　　刷	廊坊昌能印刷有限公司
开　　本	710毫米×1000毫米 1/16
字　　数	104千字
印　　张	12.5
版　　次	2025年2月第2版
印　　次	2025年2月第1次印刷
定　　价	40.00元

新浪微博：@中央编译出版社　　　微　信：中央编译出版社（ID：cctphome）
淘宝店铺：中央编译出版社直销店（http://shop108367160.taobao.com）（010）55627331

本社常年法律顾问：北京市吴栾赵阎律师事务所律师　闫军　梁勤
凡有印装质量问题，本社负责调换，电话：（010）55627320

· 雷锋题材的剪纸作品

目 录

一、做什么人……………………………… 001

二、怎么活………………………………… 021

三、感恩之心……………………………… 039

四、谦卑之态……………………………… 055

五、学习与时间…………………………… 069

六、苦与乐………………………………… 085

七、美与丑………………………………… 099

八、团队和个人…………………………… 105

九、缺点和批评…………………………… 119

十、幸福在哪里…………………………… 131

附录一、雷锋自述………………………… 147

附录二、雷锋生平大事记………………… 163

附录三、雷锋图录………………………… 173

| 一 |

做什么人

一 | 做什么人

把自己当作啄木鸟吧！
用辛勤而艰苦的劳动，
为万木除病灭害，
使树长得挺拔参天，
绿化原野，
造福人类！

千万别把自己比作鹦鹉鸟啊！
成天只会学舌别人，
为少数人——富豪们，权贵们
赏心悦目，
对广大的劳苦大众，
不给一丁点儿什么，
不作些微贡献。

——《雷锋诗歌·啄木鸟》1958 年

……

如果你是一滴水,

你是否滋润了一寸土地?

如果你是一线阳光,

你是否照亮了一分黑暗?

如果你是一颗粮食,

你是否哺育了有用的生命?

如果你是一颗最小的螺丝钉,

你是否永远坚守在你生活的岗位上?

如果你要告诉我们什么思想,

你是否在日夜宣扬那最美丽的理想?

……

在生活的仓库里,

我们不应该只是个无穷尽的支付者。

——《雷锋日记》1958年6月7日

一 | 做什么人

一个革命者,
当他一进入革命行列的时候,
就首先要确立坚定不移的革命人生观。
树立这样的人生观,
就必须培养自己的思想道德品质,
处处为党的利益,
为人民的利益着想,
具有大公无私、舍己为人的风格。

——《雷锋日记》1959 年 12 月 8 日

一个人出生在世界上以后，
除了早夭的以外，
总要活上几十年。
每个人从成年一直到停止呼吸的几十年的生活，
就构成各人自己的历史。
至于各人自己的历史画面上所涂的颜色是白的、灰的、
粉红的或者鲜红的，
虽然客观因素起一定作用，
但主观因素起决定性的作用。

——《雷锋日记》1959 年 12 月 20 日

每个人每时每刻都在写自己的历史，
每个共产党员和共青团员都应该好好地想一想，
怎样来写自己的历史。

——《雷锋日记》1959 年 12 月 20 日

一 | 做什么人

敬爱的毛主席，
我看到您写的《纪念白求恩》这篇文章，
深受教育，
被感动得流下了热泪。
过去有人讽刺我说：
"你积极有什么用，那么点的小个子，给你150斤重的担子，你就担不起来。"
我听了这话，
还埋怨自己为啥长这么点小个子呢！
可是，您老人家说：
"一个人能力有大小，但只要有这点精神，就是一个高尚的人，一个纯粹的人，一个有道德的人，一个脱离了低级趣味的人，一个有益于人民的人。"
这话给我很大鼓舞。
个子小我也要尽我自己最大的力量，
做到毫不利己，
专门利人，
向伟大的国际主义战士白求恩学习。

——《雷锋日记》1960年2月15日

我要做一个有利于人民、有利于国家的人。
如果说这是"傻子",
那我是甘心愿意做这样的"傻子"的。
革命需要这样的"傻子",
建设也需要这样的"傻子"。

——《雷锋日记》1960年8月20日

学了毛主席著作以后,
使我眼亮心宽,
懂得了一个人应该怎么活着,
树立什么样的人生观,
对我帮助很大。

——《雷锋·忆苦思甜》1960年11月5日

一 | 做什么人

党的需要就是我的志愿。

——《雷锋·忆苦思甜》1960 年 11 月 5 日

"……不怕饥饿,不怕寒冷,不怕危险,不怕困难。屈辱,痛苦,一切难于忍受的生活,我都能忍受下去!这些都不能丝毫动摇我的决心,相反的,是更加磨炼我的意志!我能舍弃一切,但是不能舍弃党,舍弃阶级,舍弃革命事业。"

永垂不朽的革命烈士——方志敏同志是我永远学习的榜样。

——《雷锋日记》1960 年 12 月 27 日

我给自己规定：

凡是对人民有利的事，

就坚决拥护，

积极去做，

宁肯牺牲个人的一切。

凡是对人民不利的事，

坚决不做，

并进行斗争。

用它当作一个标尺，

经常来衡量自己，

检查自己，

鞭策自己，

这样也就促使我时时刻刻想为人民做点好事。

——《雷锋散文·做一个有益于人民的人》1961 年

一 | 做什么人

一个人只要他不存私心,
时时刻刻考虑人民的利益,
全心全意地去为人民服务,
他就能成为一个道德高尚的人。

——《雷锋日记·学习〈纪念白求恩〉》1961 年

一个人,
只要大公无私,
处处从党和人民的利益出发,
兢兢业业地为党工作,
老老实实为人民服务,就是一个有益于人民的人。

——《雷锋日记·学习〈纪念白求恩〉》1961 年

董存瑞和郅顺义两英雄的事迹，
深深地教育了我，
给了我莫大的鼓舞和无穷的力量，
我一定要时刻用这些英雄的事迹来鞭策自己，
永远忠于党，
忠于人民。

——《雷锋日记》1961年2月3日

当你在最困难、最危险，甚至威胁自己生命之时，
也能严格遵守纪律，
那就是好党员。
我要做一个名副其实的好党员。

——《雷锋日记》1961年4月

一 | 做什么人

当我想起我所经历的一切太平凡了的时候，
我就时刻准备着：
当党和人民需要我的时候，
我愿意献出自己的一切。

——《雷锋日记》1961 年 5 月 4 日

我要像柳树那样，
插到哪里都能活，
紧紧与人民连在一起，
在人民中生根、长大、结果，
做人民最忠实的勤务员。

——《雷锋日记》1961 年 10 月 1 日

人生总有一死,
有的轻如鸿毛,
有的却重如泰山。

——《雷锋日记》1961年10月3日

生为人民生,
死为人民死。

——《雷锋日记》1961年10月3日

一 | 做什么人

今天我在报纸上看了一篇文章,
其中鲁迅的两句诗对我教育很深。
我坚决要按照鲁迅的那两句诗去做:
    "横眉冷对千夫指,俯首甘为孺子牛。"
对敌人要狠,
要像严冬一样残酷无情;
对党、对人民要忠诚老实,
永远忠于党,
忠于人民,
做党和人民的驯服工具。

——《雷锋日记》1961年10月8日

高楼大厦都是一砖一石砌起来的,
我们何不做这一砖一石呢!
我所以天天都要做这些零碎事,就是为此。

——《雷锋日记》1961年10月16日

我觉得一个真正的革命者，
他是大公无私的，
所作所为，
都是对人民有益的，
他的责任是没有边的……

——《雷锋日记》1961年10月10日

人的生命是有限的，
可是，
为人民服务是无限的，
我要把有限的生命，
投入到无限的为人民服务之中去
……

——《雷锋日记》1961年10月20日

一 | **做什么人**

共产党员——韩英同志那种坚强勇敢、
不怕牺牲的精神给了我莫大的鼓舞和无穷的力量。
她在敌人监狱里宁死不屈,
并歌唱:
　　"为革命,砍头只当风吹帽;
为了党,洒尽鲜血心欢畅。"
她这崇高的豪言壮语,
深深地刻在我的脑海里。

——《雷锋日记》1962年1月13日

在最困难、最艰苦的工作中,
我就想起了黄继光,
浑身就有了力量,
信心百倍,
意志更坚强……
我每次外出执行任务或在最复杂的环境中,
就想起了邱少云,
就能严格地要求自己,
很好地遵守纪律。
每当我得到福利和享受的时候,
就想起了白求恩,
就先人后己,
把享受让给别人。

——《雷锋日记》1962年1月14日

一 | 做什么人

宁愿失掉生命,
不愿失去自由。
宁愿洒尽鲜血,
决不投降敌人。
宁愿折断筋骨,
不做人民的罪人。

——《雷锋诗歌·宁愿》1962年8月7日

| 二 |

怎么活

垅中清水似汪洋，
英雄排渍日夜忙，
稻田绿遍水排尽，
活活气死老龙王。

——《雷锋诗歌·排渍忙》1958 年

愿你的青春像鲜花一样，
在祖国的土地上发散芬芳！
伟大的理想产生于伟大的毅力！

——《雷锋·给王佩玲的赠言》1958 年 3 月 13 日

跃进战鼓响咚咚,
钢铁任务不放松。
誓夺一千八百万吨,
不获全胜不收兵。

——《雷锋诗歌·誓言》1959 年

二 | 怎么活

砍头不要紧，
只要主义真。
杀了雷明亮，
还有后来人！

——《雷锋诗歌·还有后来人》1960 年

雷锋同志：
愿你做暴风雨中的松柏，
不愿你做温室中的弱苗。

——《雷锋日记》1960 年 1 月 18 日

个子小，
我也要尽我自己最大的力量，
做到毫不利己，
专门利人，
向伟大的国际主义战士白求恩学习。

——《雷锋日记》1960年2月15日

毛主席说：

"艰苦的工作就像担子，摆在我们的面前，看我们敢不敢承担。担子有轻有重，有的人拈轻怕重，把重担子推给人家，自己拣轻的挑，这就不是好的态度。"

毛主席的教导使我得到深刻的启发，
听毛主席的话，
把重担子挑起来，

后来又搞技术革新，
怎么搞？
我又学习毛主席著作，
主席说：
　　"你要有知识，你就得参加变革现实的实践。你要知道梨子的滋味，你就得变革梨子，亲口吃一吃。"

——《雷锋·忆苦思甜》1960 年 11 月 5 日

一定选艰苦的工作干。
我就争着去和泥。

——《雷锋·忆苦思甜》1960 年 11 月 5 日

应该怎样对待困难——

是战斗！

困难只能欺侮那些不能吃苦的人，

困难害怕吃苦耐劳的战士。

困难只能欺侮那懒汉，

困难害怕认真学习的人。

困难只能欺侮那些脱离群众的人，

困难害怕团结一致的伟大集体。

——《雷锋诗歌·困难不可怕》1961年

有的同志晚上不愿意站岗。
白天工作学习忙，
比较疲劳，
晚上睡得甜蜜蜜的，
叫起来站岗，
是有一点不是滋味。
可是，
他们没有想到，
站岗是党和人民交给我们的一项光荣而
艰巨的任务。
……
我们是伟大的中国人民解放军战士，
是祖国的保卫者，
是人民最可爱的人。

——《雷锋日记》1961年10月18日

我班×××同志，
叫他出车就高兴，
不叫出车或做点其他工作就不大满意。
还有的同志拈轻怕重，
害怕累了自己。
比如：
有一次掏厕所，
有的同志说：
　　"这活不是咱们干的，我们是开车的，应该叫其他连队来掏。"
在干的当中，
我发现有个别同志怕脏怕累，
站在一旁瞅着。
我一边干活，
一边想：

二 | 怎么活

如果我们革命队伍中存在着这种怕苦怕累的思想,
对工作会有影响,
对革命不利,
如不及时纠正,
会造成什么后果呢?
我想来想去,
又想起了毛主席的教导,
毛主席说:

"什么叫工作,工作就是斗争。那些地方有困难、有问题,需要我们去解决。我们是为着解决困难去工作、去斗争的。越是困难的地方越是要去,这才是好同志。"

——《雷锋日记》1961 年 12 月 30 日

愚公能挖掉两座大山，
我有恒心克服各种困难，
学习好毛主席著作和军事技术，
把自己锻炼成为一个又红又专的共产主义革命战士，
更好地为人民服务，
为人类的解放事业——共产主义而贡献自己的一切。

——《雷锋日记》1962年

一想起连长在军人大会上的报告：
　　"在三九天里保养车是一个艰巨的战斗任务，过硬的功夫是在冰天雪地里锻炼出来的。"
我感到有一股暖流立刻传遍了全身，
觉得有了无穷的力量，
打消了烤火的念头，
继续清洗机件。
虽然冻裂了口子，
但是锻炼了自己的意志，
提高了技术。

——《雷锋日记》1962年1月16日

我要积极肯干，
做到说干就干，
干就干好，
脚踏实地，
实事求是地干，
千方百计地干，
事事捡重担子挑。
顺利时干得欢，
受挫折时干得欢。
扎扎实实地干，
一定要把事情办好。

——《雷锋日记》1962年2月19日

不经风雨，

不能成大树；

不受百炼，

难以成钢。

迎着困难前进，

这也是我们革命青年成长的必经之路。

有理想有出息的青年人必定是乐于吃苦的人。

——《雷锋日记》1962年3月

我愿在暴风雨中——艰苦的斗争中锻炼自己，

不愿在平平静静的日子里度过自己的一生。

——《雷锋日记》1962年3月4日

我是党的儿子，
人民的勤务员。
我走到哪里，
哪里就是我的家，
我就在哪里工作。

——《雷锋日记》1962 年 3 月 16 日

建设街小学有些小朋友爱花零钱。
……
我把他们带到部队，
搬出自己的节约箱给他们看。
有的同学看到我捡的大半箱牙膏皮，
便惊奇地说：
　　"哎呀！怎么捡这么多？"
我对他说：

这是我平时在水沟里、垃圾堆里一个个捡起来的。
站在旁边的一位同学说：
"真是滴水成河，积少成多呀！"
……
过后，
他们真的也做了节约箱，
捡了不少碎铜烂铁、牙膏皮、螺丝钉等。
他们的实际行动，
真使我感到十分高兴，
同时也使我受到了很大的启发。
我想，
孩子们处处向我们学习，
那我们更应该好好地听党的话，
积极工作，
努力学习，
提高自己，
处处以身作则，
以我们的模范行为去影响和教育他们。

——《雷锋·做个优秀的校外辅导员》1962年6月29日

工作就是斗争，
为着解决困难，
对困难的回答就是斗争，
对斗争的回答就是胜利。

———《雷锋·学习毛泽东著作书眉笔记》

|三|

感恩之心

三 | 感恩之心

以革命的名义，
想想过去；
以革命的精神，
对待现在；
以革命的态度，
创造未来。

——《雷锋诗歌·以革命的名义》1958 年

我学的技术是党培养的，
今天告诉别人是应该的。

——《雷锋日记》1959 年 11 月 20 日

旧社会工人苦中苦，
新社会工人福中福。
新旧社会来对比，
我们饮水要思源。
生活好来别忘本，
勤俭持家不浪费。

——《雷锋诗歌·新旧社会对比》1960 年

生活好来别忘本，
勤俭持家不浪费。

——《雷锋诗歌·新旧社会对比》1960 年

三 | 感恩之心

松柏树，
根连根，
石榴结籽心连心，
解放军和老百姓，
本来就是一家人。

——《雷锋诗歌·一家人》1960 年

我渴望已久的参加中国人民解放军的理想实现了，
怎么叫我不高兴呢！
我恨不得把我的心掏出来献给党才好。
晚上我怎么也睡不着，
我的心就像大海的浪涛一样，
好久不能平静。

我，
一个在旧社会受苦受罪的穷苦孤儿，
现在成为一个国防军战士，
得到党和首长的信任，
受到战友们的热爱，
我真不知说什么好！
……
在这个革命的大家庭里，
首长胜过父母，
战友亲过兄弟，
这一切只有在党的领导下的人民军队里才能得到。
……
我一定不辜负党对我的教育和期望，
我决心保持和发扬我们弓长岭矿全体职工的光荣，
军政学习争优秀，
全心全意保卫国防，
成为一个优秀的国防军战士。

——《雷锋日记》1960 年 1 月 8 日

三 | 感恩之心

参军以后，
我在党的培养教育下，
深深懂得了社会主义的今天是由无数革命先烈和战友的艰苦奋斗、英勇牺牲得来的。

——《雷锋日记》1960年2月8日

伟大的党啊！
您搭救了我，
给我吃的、穿的，
送我念书，
我戴上了红领巾，
加入了共青团，
参加了祖国的工农业建设，
一天天地成长起来。
伟大的党啊！
您是我慈祥的母亲，
要是没有您，
我很难想象自己的一切。
今天您需要我，
我一定挺身而出，
不怕牺牲和一切困难，
永远忠于您，
忠于人民，
继承长辈的革命传统
……

——《雷锋·解放后我有了家 我的母亲就是党》1960年9月

三 | 感恩之心

我们决不能好了疮疤忘了疼，
应该"饮水思源"。
想想过去，
看看现在，
我们都不能不以革命的名义来对待革命事业，
更高地举起毛泽东思想红旗，
发扬革命先烈艰苦奋斗的精神和优良的传统，
全心全意地投入社会主义建设事业，
做出更多更好的成绩。

——《雷锋日记》1960 年 11 月 15 日

田在地主手里，
他们掌握了活路，
他叫你活，
你就活；
他叫你死，
你就得死。

——《雷锋散文·苦甜观》1961 年 1 月 24 日

今天，
连长发给我一支新枪，
我真像得到了宝贝一样，
乐得连话都说不出来。
看看那锋利而发亮的刺刀，
摸摸那光滑的机柄，
数着崭新的子弹，

三 | 感恩之心

我真高兴得不知如何是好，
生怕把枪弄脏了。
看到枪机上落了一点点灰尘，
我立即从衣兜里，
掏出自己心爱的手绢，
把灰尘擦得一干二净。
人民给我这支枪，
我一定要好好保管和爱护，
向党和人民保证，
我决心勤学苦练，
定要练出真正的硬本领，
坚决保卫我们的社会主义建设，
保卫我们伟大的祖国，
随时准备给侵略者以致命的打击。

——《雷锋日记》1961年3月4日

和千千万万受剥削受压迫的劳动人民一样,
在旧社会里,
我家也受尽了旧制度的折磨和凌辱
……
解放了,
我才脱出苦海见青天!

——《雷锋日记》1961年5月1日

三 | 感恩之心

从阶级友爱出发，
我不但爱这些老太太，
而且爱全国人民，
爱全世界的穷苦大众。
他们都是我的亲人，
我要为他们的自由、解放、幸福
而贡献自己毕生的全部精力，
甚至最宝贵的生命。

——《雷锋日记》1961 年 8 月 6 日

当个人利益与国家、党和人民的利益
发生矛盾的时候，
我就想起了过去家破人亡、受苦受难的日子，
就感到党的恩情永远报答不完。

——《雷锋日记》1962 年 1 月 14 日

过去，
我是孤苦伶仃的穷光蛋。
现在，
我是一个光荣的共产党员，国家的主人。
将来，
我永远是党的忠实儿女，人民的勤务员。

——《雷锋诗歌·永远是党的忠实儿女》1962 年 2 月 26 日

人民掌握了"刀把子",
才能改变这种人剥削人的经济制度,
挖掉苦根子,
栽下甜根子。

——《雷锋散文·苦甜观》

| 四 |

谦卑之态

四 | 谦卑之态

我学习了毛主席著作以后，
懂得了不少道理，
脑子里一豁亮，
越干越有劲，
总觉得这股劲儿永远也使不败。
我为群众尽了一点自己应尽的义务，
党却给了我极大的荣誉，
去年被评为先进生产者，
并出席了鞍山市青年建设积极分子大会。
这完全是由于党的培养，
是由于毛主席思想给了我无穷的力量，
是由于广大群众支持的结果。

——《雷锋日记》1960 年 3 月 9 日

要记住：

"在工作上，要向积极性最高的同志看齐；在生活上，要向水平最低的同志看齐。"

——《雷锋日记》1960年6月5日

我们最敬爱的领袖毛主席就是我们永远学习的光辉榜样。
他老人家是多么的谦虚啊！愿做群众的小学生。
我呢？
只是沧海之一粟，
更应该虚心向群众学习。

——《雷锋日记》1960年12月

毛主席说：

"没有满腔的热忱，没有眼睛向下的决心，没有求知的渴望，没有放下臭架子、甘当小学生的精神，是一定不能做，也一定做不好的。"

——《雷锋散文·永远做群众的小学生》1960年12月28日

每当朋友和同学及许多不相识的同志来信称赞我，
羡慕我的进步的时候，
我就感到很不安。
我像一个学走路的孩子，
党像母亲一样扶着我，
领着我，
教会我走路。
我每成长一分，
前进一步，
这里面都渗透着党的亲切关怀和苦心栽培。

——《雷锋日记》1961年7月1日

四 | 谦卑之态

雷锋呀，
雷锋！
我警告你牢记：
千万不可以骄傲。
你永远不能忘记，
是党把你从虎口中拯救出来，
是党给了你一切……
至于你能做一点事情了，
那是自己应尽的义务。
你每一点微小的成绩和进步都应该归功于党，
要记在党的账上。
我一定听党和毛主席的话，
把我的青春献给世界上最壮丽的事业——
为人类解放而斗争。

——《雷锋日记》1962年2月27日

骄傲的人,
其实是无知的人。
他不知道自己能吃几碗干饭,
他不懂得自己只是沧海一粟……
这些人好比是一个瓶子装的水,
一瓶子不满,
半瓶子晃荡,
可是还晃荡不出来。
这有什么值得骄傲的呢?

——《雷锋日记》1962 年 3 月 2 日

四 | 谦卑之态

我们要真正学到一点东西，
就要虚心。
譬如一个碗，
如果已经装得满满的，
哪怕再有好吃的东西，
像海参、鱼翅之类，
也装不进去，
如果碗是空的，
就能装很多东西。
装知识的碗，
就要像神话中的"宝碗"一样，
永远也装不满。

——《雷锋日记》1962 年 3 月 28 日

您对同志无限热忱，
对党无比忠诚的精神，
值得我永远学习。

——《雷锋书信·给郑树信的信》1962年4月12日

四 | 谦卑之态

一个人的作用，
对于革命事业来说，
就如一架机器上的一颗螺丝钉。
机器由于许许多多的螺丝钉的连接和固定，
才成了一个坚实的整体，
才能够运转自如，
发挥它巨大的工作能力。
螺丝钉虽小，其作用是不可估量的。
我愿永远做一颗螺丝钉。
螺丝钉要经常保养和清洗，
才不会生绣。
人的思想也是这样，
要经常检查，
才不会出毛病。

——《雷锋日记》1962 年 4 月 17 日

今天我看了一位科学家对青年讲的一段话，
对我的启发教育很大。
他说：
　　"你在任何时候，也不要以为自己什么都知道。不管别人怎样看重你们，你们都要有勇气对自己说：'我没有学识！'决不要陷于骄傲。因为一骄傲，你们就会固执起来；因为一骄傲，你们就会拒绝别人的忠告和友谊的帮助；因为一骄傲，你们就会丧失客观方面的准绳。"
这些话好得很，
我不但要永记，
而且要贯彻到言语行动中。

——《雷锋日记》1962年8月9日

正如洗脸一样，
一天不洗，
脸上的脏东西和灰尘就不掉，
要是长期不洗，
脏东西和灰尘就会在脸皮上结成壳，
人家看了，
会骂他是懒汉。
人的思想也是这样，
如果不经常教育，
不用正确的思想克服错误的思想，
时间长了，
思想就会出毛病。
思想背了包袱，
工作就会消极，
干劲就不足，
各项任务就不能完成。

——《雷锋·学习毛泽东著作书眉笔记》

先进的同志如果干劲不足,
不努力学习,
骄傲自满,则变后进。

——《雷锋·学习毛泽东著作书眉笔记》

|五|

学习与时间

青春啊！
永远是美好的，
可是真正的青春，
只属于这些永远力争上游的人，
永远忘我劳动的人，
永远谦虚的人。

——《雷锋日记》1959 年 10 月 25 日

青春：
闪烁着共产主义火花的青春，
在火花里不怕燃烧，
在水里不会下沉。

——《雷锋日记》1960 年

部队每个月发给我的6块钱津贴费，
我除理发以外，
大部分买些毛主席著作，
买一些关于党的历史和有关党的政治书籍，
还有就是青年修养一类的书籍：
除了买书以外，
其他钱我就存起来。
我从工厂到部队总共两年多，
省吃俭用共节约了200块钱，
一直到今年春天，
捐献给抚顺市望花区……

——《雷锋讲话·一辈子学习毛主席著作》1960年

士兵学好主席书，立场坚定干劲足。
老粗能够变老细，分析问题不迷糊。

——《雷锋诗歌·学好主席书》1960年

五 | 学习与时间

我在县委做公务员的时候，

张兴玉书记和我说过，

"人有三件光荣的事，入队、入团、入党"，

并一再鼓励我争取入党。

现在，我把这话转告给你们。

学习，

学什么课程都一样，

要用心，

要钻进去，

要像钉子一样。

你们学知识，

就像我们开汽车，

也要常练习。

不练习，手就生了。

不懂，就应该问。

不问，什么时候也不会。

今天学一页，明天学一页，

积少成多。

学习，
不抓紧时间还行吗？
不要为一点小事就吵嘴呀，
你们长大了，
还要一起建设祖国哩！
要是不讲团结友爱，
将来怎么能齐心合力做好工作呢？
积少可以成多，
滴水可以成河。
别看都是些破烂，
搜集起来，
对国家建设都有用处。
锻炼身体要经常坚持。
天天练，
身体就会逐渐强起来。

——《雷锋·对同学们的希望》1960年1月

我想到自己的觉悟低，
一定要好好学习，
利用开饭前后，
有时连到厕所我也不放过学习，
部队规定9点钟熄灯，
我就买个手电，
在被子里学。

——《雷锋·忆苦思甜》1960年11月5日

不但要有好的思想，
而且还要有高超的技术，
才能更好地为人民服务。

——《雷锋日记·学习〈纪念白求恩〉》1961年

时间紧，
可是看一页是一页，
积少成多。
学习，
不抓紧时间不行。

——《雷锋日记》1961年

五 | 学习与时间

我也很渴,
也想买一瓶,
我掏出了3角5分钱,
但是我舍不得这钱哪。
我想到一分钱、一角钱都是来之不易的,
我也想到这3角5分钱可以买一个小笔记本子,
学习文化。
我就没有买,
到外面找了一个凉水管子,
漱一下口。

——《雷锋·在辽宁省实验学校的讲话》1961年1月5日

人不吃饭不行，
打仗没有武器不行，
开车没有方向盘不行，
干革命不学习毛主席著作不行！

——《雷锋日记》1961年4月

挤时间读书：
早起点，晚睡点，
饭前饭后挤一点，
行军走路想着点，
外出开会抓紧点，
星期假日多学点。
如果不积累许多个半步，
就不能走完千里。

——《雷锋日记》1961年4月

五 | 学习与时间

热情，
像熊熊的火焰，
是一切的原动力！
有了伟大的热情，
才有伟大的行动！

——《雷锋日记》1961 年 4 月 16 日

人只有不断地努力学习，
才不会迷失方向。
做好工作，
否则就会落后，
甚至犯错误。
我懂得了这个道理后，
越学越想学，
哪怕有一点空余时间，
我也要看看书报，
增长自己的知识。
……
我要学习一生，
战斗一生。

——《雷锋·自我鉴定》1961年9月10日

五 | 学习与时间

有些人说工作忙、没时间学习。
我认为问题不在工作忙,
而在于你愿意不愿意学习,
会不会挤时间。
要学习的时间是有的,
问题是我们善不善于挤,
愿不愿意钻。
一块好好的木板,
上面一个眼也没有,
但钉子为什么能钉进去呢?
这就是靠压力才硬挤进去的,
硬钻进去的。
由此看来,
钉子有两个长处:
一个是挤劲,
一个是钻劲。
我们在学习上,
也要提倡这种"钉子"精神,
善于挤和善于钻。

——《雷锋日记》1961年10月19日

生活中一切大的和好的东西全是由小的、不显眼的东西累积起来的。
人若没干劲，
好像没有蒸汽的火车头，
不能动；
像没长翅膀的鸟，
不能飞。

——《雷锋日记》1962 年 3 月

我时刻牢记着马克思的教导：
不学无术在任何时候，
对任何人都无所帮助，
也不会带来利益。

——《雷锋日记》1962 年 5 月 6 日

五 | 学习与时间

我想：
自己年轻，
正是增长知识的好时候，
应该好好学习，
好好工作，
更好地为人民服务。

——《雷锋日记》1962 年 7 月 29 日

应该听毛主席的话，
不懂不装懂，
虚心学习，
不懂就问，
一定要把问题真正弄明白，
才能把事情办好。

——《雷锋·学习毛泽东著作书眉笔记》

好好学习吧,
书是知识的宝库。
让我们携起手来,
做一颗永不生锈的螺丝钉!

——《雷锋·赠言》

|六|

苦与乐

在建设焦化厂当中,
住不好、吃不好和工作环境不好等,
这些困难都是暂时的、局部的、可以克服的。
只要我们有叫高山低头、河水让路的气概,
是没有战胜不了的困难的。

——《雷锋日记》1959 年 11 月 13 日

连里同志这时才知道我带病参加了一天义务劳动。
说来也怪,
参加点劳动,
我的肚子反而不痛了,
所以我开玩笑说:
参加义务劳动能治病……

——《雷锋·解放后我有了家 我的母亲就是党》1960 年 9 月

在这样的时代里,
我们应当鼓足更大的革命干劲,
激发更大的革命热情,
站得高些,
更高些;
看得远些,
更远些!

——《雷锋日记》1960 年 11 月

六 | 苦与乐

走路这是谁都会的，
可是对于刚开始学走路的小孩子来说，
这就是十分困难的事，
为了学会它，
他不知道要跌多少次跤，
可是没有一个小孩因为跌了一次跤便停
止学走路，恰恰相反，
当他刚刚学会走路的时候，
他是多么高兴呀！
他成天地扶着墙壁走来走去，
跌倒了又爬起来，
每进一步，
他就感到快乐，
这样经过多次失败以后，
他终于学会走路了，
原来困难的事，
现在丝毫也不困难了。

——《雷锋散文·怎么样对待困难》1961 年 1 月 18 日

在我们前进的道路上,
不可能不遇到一些暂时的困难,
这些困难的实质,
是"纸老虎"而已。
问题是我们见虎而逃呢,
还是"遇虎而打"?
"哪儿有困难就到哪儿去",
——不但"遇虎而打",
而且进一步"找虎而打",
这是崇高的共产主义风格。

——《雷锋日记》1961年1月18日

六 | 苦与乐

和旅客打交道，
真好极了，
原先不认识的，
也认识了，
亲热得像一家人一样，
真是有啥说啥。
旅客们有事都找我，
但我并不感到麻烦，
反而觉得荣幸。
……

——《雷锋日记》1961 年 4 月 23 日

我们是国家的主人，
应该处处为国家着想，
事事要精打细算，
不能今朝有酒今朝醉，
明日愁来明日忧。
我们要奋发图强，
自力更生，
克服当前存在的暂时困难，
坚决反对大吃大喝，
力戒浪费。

——《雷锋日记》1961 年 4 月 28 日

六 | 苦与乐

比起红军长征的时候，
天天打仗，
经常几天几夜得不到休息，
还是那样坚强勇敢、英勇奋战，
我呢？
人民的子弟兵，
祖国的保卫者，
这个光荣的称号使我感到高兴，
我宁愿站到天亮也乐意。

——《雷锋日记》1961 年 9 月 20 日

今天，
教员给我们连上了防原子武器一课。
……
下课后，
便立刻组织大家学习毛主席《和美国记者安娜·路易斯·斯特朗的谈话》等文章。
毛主席说：

"原子弹是美国反动派用来吓人的一只纸老虎，看样子可怕，实际上并不可怕。当然，原子弹是一种大规模屠杀的武器，但是决定战争胜败的是人民，而不是一两件新式武器。"
通过学习，
大家提高了认识，
端正了态度。
……
因此在防原子弹操练中，
大家干劲十足，
信心百倍，
操作认真。

虽然在零下20多摄氏度的野外练习防原子弹，
但没有一个人叫苦的。
我看到同志们那种苦练硬功夫的劲头，
真高兴极了。

——《雷锋日记》1962 年 1 月 11 日

不经风雨，
长不成大树；
不受百炼，
难以成钢。

——《雷锋诗歌·百炼成钢》1962 年 3 月

一个革命战士,
如果在战场上掷不出去手榴弹消灭不了敌人,
那怎么能行呢!
于是,
我起早贪黑的练习,
有时晚上借着月光,
偷偷地从床上爬起,
拿着手榴弹就练一会,
有时胳膊疼得很厉害,
可是一想到吃点苦、受点累
是为了保卫祖国的时候,
就是再疼一点,
又算得了什么呢!
经过一个时期的锻炼,
我终于达到了要求,
取得了实弹投掷的资格,
在训练时,
准确地把手榴弹投到"敌人"的碉堡里。

——《雷锋散文·做毛主席的好战士》1962年3月6日

我觉得自己累一点算不了什么，
只要大家多得些方便，
就是我最大的快乐。

——《雷锋日记》1962 年 4 月

为了使行车方便，
减少车辆震动，
以防机件受损失，
自己少休息点，
多劳动点，
是完全值得的。

——《雷锋日记》1962 年 5 月 6 日

革命：
革敌人的命；
革自然的命；
革困难的命。

——《雷锋·学习毛泽东著作书眉笔记》

船，
能够乘风破浪才能前进；
人，
能够克服困难才能生存。

——《雷锋·赠言》

|七|

美与丑

马达在轰鸣,
翻车机好像个大蛟龙,
上下不停地翻腾搅动。
你的力量无穷无尽,
你的任务是多么重大而光荣。
你有时有点小毛病,
我们工人的心啊,
比失掉自己的双手、眼睛还痛。

——《雷锋诗歌·翻车机》1959 年

党分配他驾驶汽车,
每日就聚精会神坚守在机旁,
将机器擦得像闪光的明镜,
爱护它就像爱护自己的眼睛一样。

——《雷锋诗歌·穿上军装的时候》1960 年 1 月

什么是时代的美？
战士那褪了色的、补了补丁的黄军装是最美的，
工人那一身油渍斑斑的蓝工装是最美的，
农民那一双粗壮的、满是厚茧的手是最美的。
劳动人民那被烈日晒得黝黑的脸是最美的，
粗犷雄壮的劳动号子是最美的。
这一切构成了我们时代的美。
如果谁认为这并不美，
那他就不懂我们的时代。

——《雷锋日记》1961 年 3 月

世界上最光荣的事——劳动。

世界上最体面的人——劳动者。

——《雷锋日记》1961 年 3 月 16 日

同志，

您是否意识到您的一切生活在幸福之中？

可能意识不到，也可能意识到了。

当您能吃一顿饱饭，

穿上一套衣服，

能当家作主，

自由地生活，

您有如何感觉呢？

有一种说不出的幸福感。

这是党和毛主席给您带来的，

是革命前辈流血牺牲给您带来的。

——《雷锋日记》1961 年 4 月 28 日

我觉得当一个大粪夫是非常光荣的。
1959年参加北京群英会的时传祥同志，
不就是一个掏大粪的工人么？
我要是能够当一个这样的大粪夫，
那该多荣幸啊！

——《雷锋日记》1961年10月17日

以前用过的东西，
我都修补好了，
继续使用。
穿破了的衣服补好了再穿。
我觉得就是现在穿一套打补丁的旧衣服，
也比我过去披的破烂衣服要好千万倍啊！

——《雷锋日记》1962年5月8日

|八|

团队和个人

我懂得一朵花打扮不出春天来，
只有百花齐放才能春色满园的道理。
一花独秀不是春，
百花齐放春满园。

——《雷锋·在鞍钢授奖大会上的发言》1959 年 9 月

由于党的教育，
我懂得了这个道理：
一朵鲜花打扮不出美丽的春天，
一个人先进总是单枪匹马，
众人先进才能移山填海。

——《雷锋日记》1959 年 10 月 21 日

力量从团结来，

智慧从劳动来，

行动从思想来，

荣誉从集体来。

——《雷锋诗歌·力量从团结来》1960年3月

我想排长说得对：

自己学习成绩再好，

将来只能开一台车，

要是大家学习都好，

那不是能开更多的汽车吗？

——《雷锋·解放后我有了家　我的母亲就是党》1960年9月

八｜团队和个人

单丝不成线，
独木不成林。
一个人是办不了大事的，
群众的事一定要发动群众、依靠群众自己来办。
……
我一定虚心向群众学习，
永远做群众的小学生。
只有这样，
才能做好工作，
才能不断进步。
我深切地感到：
当你和群众交上了知心朋友，
受到群众的拥护，
这样会给你带来无穷的力量，
再大的困难也能克服，
无论在什么艰苦的环境中，
都会使你感到温暖和幸福。

——《雷锋日记》1960年6月5日

加强工作责任心，
对同志对人民要忠诚，
要热情，
要关心，
要互相帮助。

——《雷锋·学习毛泽东著作书眉笔记》1961 年

凡是脑子里只有人民、没有自己的人，
就一定能得到崇高的荣誉和威信。
反之，
如果脑子里只有个人、没有人民的人，
他们迟早会被人民唾弃。

——《雷锋日记》1961 年 3 月

八 | 团队和个人

我真正懂得了群众的力量能移山填海，
只有群众的力量是无穷无尽的，
一个人的力量总是沧海一粟。
我决心永远和群众牢牢地站在一起，
为人类最美好幸福的生活而斗争。

——《雷锋日记》1961 年 4 月 16 日

我做事，
老好一个人去干，
不爱叫别人，
生怕人家不高兴。
就拿扫地来说，
我每天早上忙得不可开交，
有的同志却闲着没事，
自己累得够呛，
可是扫的地段不大。
有时室外卫生没有及时打扫，
首长看了不满意，
我为这个问题真有点着急。
……
今天我发动了全班的同志打扫卫生，
由于大家一齐动手，
很快就把室内室外打扫得干干净净，
事实证明连长的话是正确的。

八 | 团队和个人

今后我无论做什么，
一定要走群众路线，
依靠群众，
发动群众，
团结群众，
一道为社会主义建设和实现共产主义而贡献力量。

——《雷锋日记》1961 年 10 月 2 日

今天连长找我谈话，
句句打动了我的心。
他说：
　　"火车头的力量很大，如果脱离了车厢，就起不到什么作用。一个人做工作，如果脱离了群众，就会一事无成……"

——《雷锋日记》1961 年 10 月 2 日

一个人的力量毕竟是有限的,
走不远,
飞不高,
好比一条条小渠,
如果不汇入江河,
永远也不能汹涌澎湃,
一泻千里。

——《雷锋日记》1962年3月9日

八 | 团队和个人

我离开她家的时候，
风雨仍然没停，
他们留我住下，
我想，
刮风、下雨、天黑，
算得了什么？
一定要赶回部队，
明天照常出车。

——《雷锋日记》1962 年 5 月 2 日

我听有些人说：
当兵不合算，
挣不到钱，
不如在家种二亩自留地，
既有花的，又有吃的……
我认为这种人对个人利益和集体利益的关系认识不足。

——《雷锋日记》1962年6月25日

八 | 团队和个人

我认为个人和集体的关系,
正像细胞和人的整个身体的关系一样。
当人的身体受到损害的时候,
身上的细胞就不可避免也要受到损害。
同样的,
我们每个人的幸福也依赖于祖国的繁荣,
如果损害了祖国的利益,
我们每个人就得不到幸福!

——《雷锋日记》1962 年 6 月 28 日

个人主义好比大海中的孤舟,
遇到风浪,
一碰就翻。
集体主义好比北冰洋上的原子破冰船,
任凭什么坚冰都可以摧毁。
我认为坐在小舟里摇摇晃晃不好,
还是坐在原子破冰船上乘风破浪一往无前为好。

——《雷锋日记》1962 年 6 月 30 日

| 九 |

缺点和批评

九 | 缺点和批评

我刚到部队来没有养成革命军人那种高度的组织性和纪律性。
……
后来指导员找我谈话，
……
他给我讲了一个邱少云在烈火烧身的情况下也不违反纪律的故事，
我听了以后难过极了，
一头扑到指导员怀里哭了起来。
指导员给我擦干眼泪，
安慰我说：
　　"只要认识到错了，今后改正就行。"
我牢牢地记住了指导员的教导，
从这以后，
我再也没有违犯过任何纪律。

——《雷锋·从一个孤儿成长为一名解放军战士》1960 年

我们今天来当兵,
就是要保卫幸福的生活,
保卫祖国的社会主义建设,
我们应该好好地为人民服务,
要是不听党的话,
犯了错误,
这能对得起谁呢?
再说,
我们入伍的时候,
父母又是怎样嘱咐的呢?
他们是叫我们在部队里,
加强锻炼,
使自己成为一个有政治觉悟的人,
叫我们学习一些本领,
难道我们能够忘记这些话吗?……

——《雷锋散文·和战友谈改正错误》1960年11月26日

九 | 缺点和批评

我深记了斯大林的教导：

"我们不能要求批评百分之百的正确。如果批评是来自下面的，那么即使这种批评只有百分之五到百分之十是正确的，我们也不应当忽视。"

——《雷锋日记》1961 年 9 月 10 日

俗话说：
剩饭炒三次，狗都不爱吃。
一句话老那么说，
人家就不爱听。
这好像人们喝糖水，
同样多的糖，
如果掺水适当，
则味道甘美，
如果掺水过多，
必然淡而无味。

——《雷锋日记》1961 年 10 月 22 日

今天吃早饭，
我看到炊事班的饭盆里有很多锅巴，
便随手拿了一块吃。
炊事员×××同志说：
　　"自觉点啊！"
我听了这句话，
心里很难受，
觉得吃一块锅巴有什么？
赌气把那块锅巴放到饭盆里，
走了出来。
这时，
通信员送来了一张报纸，
我接过来就看，
首先看到报纸上毛主席的语录说：
　　"因为我们是为人民服务的，所以，我们如果有缺点，就不怕别人批评指出。不管是什么人，谁向我们指出都行。只要你说得对，我们就改正。"

九 | 缺点和批评

我一口气把这段话念了十多遍，
越念越感到自己不对，
越念越感到毛主席的这些话好像是专门对我说的，
越念越后悔不该和炊事员赌气。
我自己问自己：
　　"你多不虚心呀！人家批评重一点，你就受不了啦！"
想来想去，
我还是硬着头皮跑到炊事班，
承认了自己拿锅巴吃不对，
并检查了自己的缺点。
炊事员感动地说：
　　"你对自己要求这么严，真是好同志……"

　　　　　　　　　　　——《雷锋日记》1962 年 3 月 24 日

我是个共产党员，
对别人的反映和意见不能拒绝，
哪怕只有百分之零点五的正确，
也要虚心接受。
现在有的同志还不了解我，
冤枉了我，
使我受点委屈。
这也没什么，
干革命就不怕受委屈。
"没做亏心事，不怕鬼敲门"，
我没有这回事，
就不怕人家说。

——《雷锋日记》1962 年 7 月 29 日

九 | 缺点和批评

从这件小事就证明了没有调查研究，
就去批评和指责别人，
是要碰钉子的。

——《雷锋·学习毛泽东著作书眉笔记》

认识了缺点就等于改正了一半，
改正了缺点就是进步。

——《雷锋·学习毛泽东著作书眉笔记》

对待缺点的正确态度应该是：
既承认缺点是难以完全避免的，
又相信经过人们的努力，
缺点是可以克服的；
既不否认缺点是客观存任的，
又要严肃认真克服缺点，
吸取教训，
改进工作。

——《雷锋·学习毛泽东著作书眉笔记》

九 | 缺点和批评

人们常说:
什么藤结什么瓜,
什么阶级说什么话。

——《雷锋·学习毛泽东著作书眉笔记》

| 十 |

幸福在哪里

十 | 幸福在哪里

一群小伙笑呵呵，
背起锄头上山坡。
只听一声锄头响，
笑看荒山荡绿波。

——《雷锋诗歌·荒山荡绿波》1959 年

小王拿着一张报纸跑到我跟前说：
　　"雷锋同志，你看，你上次在雨夜抢救水泥，登了共青团员报了！"
当时，
我也和大家同样感到高兴。
这对我和大家来说，
都是很大的鼓舞。
我这么一点点贡献，
比起党对我的要求和希望还是做得很不够的，

但是我有决心忘我地劳动,
赤胆忠心,
不骄不傲地乘胜前进。
多为党做一些工作,
这就是我感到最光荣的。

——《雷锋日记》1959 年 11 月 26 日

每天白天、黑夜,
我就驾着拖拉机耕地,
一天工作十多个小时,
我也不觉得累,
后来粮食丰收了,
我非常高兴,
原来是荒湖,
现在开垦成了良田。

——《雷锋·忆苦思甜》1960 年 11 月 5 日

十 | 幸福在哪里

我领到连部发给我的一斤苹果,
怎么也舍不得吃,
用自己心爱的手绢包了起来,
放进了挂包里,
心想来了客人给他们吃。
今天,
想起了在病院里的伤病员同志,
他们在新年佳节的时候,
是多么需要人去安慰啊!
我是人民的子弟兵,
应该去好好慰问那些伤病员同志。

——《雷锋日记》1961 年 2 月 16 日

我是人民的子弟兵，
一定要永远牢记党和毛主席的教导，
无论什么时候，
都要关怀爱护人民群众的利益，
为人民群众的利益而战斗不息。

——《雷锋日记》1961 年 3 月 3 日

随着太阳不会挨冻，
跟着党走不会迷路。
随着太阳就有温暖，
跟着党走就有幸福。

——《雷锋诗歌·跟着党走》1961 年 4 月

十 | 幸福在哪里

为了党和人民的事业，
我总想多贡献一点力量，
那些个人的军衔级别，
我真没时间考虑。

——《雷锋日记》1961 年 4 月 24 日

牢牢记住，
并且要贯穿到自己的生活和实际行动中去——革命的利益高于一切，
处处为集体利益而不惜牺牲个人的一切。

——《雷锋日记》1961 年 5 月 3 日

我想：
自己好了，
不能忘记为人民而负了伤的阶级兄弟。
于是我把这份苹果又转送给了住在卫生
连的伤病员同志，
自己虽然没吃着，
但是心里比吃了这斤苹果还要甜十分。

——《雷锋日记》1961年8月7日

我是主人，
是广大劳苦大众当中的一员，
我能帮助人民克服一点困难，是最幸福的。

——《雷锋日记》1961年9月11日

十 ｜ 幸福在哪里

我要牢记这样的话：
永远愉快地多给别人，
少从别人那里拿取。

——《雷锋日记》1961 年 10 月 12 日

今天可有意思，
×××同志出车回来，
惊奇地问这个，
问那个，
不知是谁给他洗了一条衬裤和一双穿得
发了臭的袜子，
可是没有一个人说话，
究竟是谁给他洗的呢？
只有我知道，
我觉得这是自己应尽的义务。

——《雷锋日记》1961 年 10 月 13 日

我觉得当一名无名英雄是最光荣的。
今后还应该多做一些日常的、细小的、
平凡的工作，
少说漂亮话。

——《雷锋日记》1961 年 10 月 15 日

我看到厕所的粪池满了，
立即动手把大粪掏出来，
虽然牺牲了自己一上午的休息时间，
但是厕所里弄得很干净了。
人家开玩笑地说我是一个大粪夫。
我觉得当一个大粪夫是非常光荣的。

——《雷锋日记》1961 年 10 月 17 日

我觉得一个革命者就应该把革命利益放
在第一位，
为党的事业贡献出自己的一切，
这才是最幸福的。

——《雷锋日记》1962 年 2 月 10 日

一个共产党员是人民的勤务员，
应当把别人的困难当成自己的困难，
把同志的愉快，
看成是自己的幸福。

——《雷锋日记》1962 年 2 月 12 日

我要永远愉快地多给别人，
毫不计较个人得失……

——《雷锋日记》1962年3月7日

昨天下了一场大雪，
今天显得格外的寒冷。
吃过早饭，
我到团里开会，
在路上遇到一个十来岁的小孩，
他穿的衣服很单薄，
冻得打哆嗦，
我看了心里过不去，
立即脱下自己的棉裤，
送给了他，
这时我心里真感到有说不出的高兴。

——《雷锋日记》1962年4月3日

十 | 幸福在哪里

有人说：
人生在世，
吃好、穿好、玩好是最幸福的。
我觉得人生在世，
只有勤劳，
发愤图强，
用自己的双手创造财富，
为人类的解放事业——共产主义贡献自己的一切，
这才是最幸福的。

——《雷锋日记》1962 年 4 月 4 日

俗话说：

　　"大河涨水，小河满；大河无水，小河干。"
同样的，
只有集体利益富裕了，
个人利益才能得到满足，
如果没有集体的利益，
哪还有什么个人的利益呢？

　　　　　　　　　——《雷锋日记》1962 年 6 月 25 日

我今天听一位同志对另一位同志说：
　　"人活着就是为了吃饭……"
我觉得这种说法不对，
我们吃饭是为了活着，
可活着不是为了吃饭。
我活着是为了全心全意为人民服务，
是为人类的解放事业——共产主义而斗争。

　　　　　　　　　——《雷锋日记》1962 年 8 月 6 日

……
听说还有7200袋水泥没盖，
被雨打湿就完了，
心里很着急，
怎么办？
我想到了向秀丽，
想到了毛主席的教导：
　　"无数革命先烈为了人民的利益牺牲了他们的生命，使我们每个活着的人想起他们就心里难过，难道我们还有什么个人利益不能牺牲，还有什么错误不能抛弃吗？"
这时我马上叫起二十多个青年，
把自己的棉衣、被子拿去盖了。
被子被打湿了，
但看到国家财产没有受到损失心里很高兴。

——《雷锋·忆苦思甜》

"刀把子"必须要由我们自己掌握，
才有我们自由幸福的日子。

——《雷锋·学习毛泽东著作书眉笔记》

| 附录一 |

雷锋自述*

* 原题名为《忆苦思甜》,是雷锋作的《忆苦思甜报告》的一部分,标题系根据该文的内容所作的修改。

我叫雷锋，生于1940年12月18日，家住在湖南省湘潭专区望城县，家有五口人，爸爸、妈妈、哥哥、弟弟和我。

我在旧社会遭受的痛苦和广大劳动人民一样是深重的。解放后，党和英明的毛主席拯救了我，给我带来了无比的幸福，我所要讲的也就是我在两个不同的社会里，过着两种不同生活的对比。

黑暗的旧社会是一个吃人的社会，穷人只能给富人当牛当马，过着非人的苦日子。我家祖辈三代都是给地主做长工，维持一家半饱的生活，我爸爸给唐地主做长工时，连一家半饱的生活也维持不住。到了荒年腊月，好久还看不到一粒米下锅。我哥哥常常带着我出去要饭，看到富人就央求他们给点吃的，要是碰上有钱人家做喜事，就讨点剩饭剩菜吃，看到桌上的饭菜也用手扫了起来，装在一个要饭的破布兜里，留着下顿吃，要是离家近一点，就送回去，给小弟弟吃。

我妈妈怕养活不了我那幼小的弟弟，想把他卖给有钱的人家，我爸爸心如刀割，坚决不让。他眼泪汪汪地说："我们全家死也要死在一起，绝不能把他给卖了。"我爸爸被逼得没法，只好把睡的床铺抬出去卖了，在地上砌几块土砖，取下门房板，搭着睡觉。

我们住在一间破草房子，屋顶漏着天，后墙倒塌，要是下雨了，外面下大的，屋里就下小的，我妈怕淋湿了我的脑袋，拿着一个破脸盆罩在我的头上，又怕冻着我，拿破烂麻袋披在我的背上。冬天冻得没法，只好拿几捆稻草，堵住风雪，冷得实在不行了，全家人紧紧地挤在一起，又拿几捆稻草盖上。终年辛勤劳动，全家五口有米不够半年吃。

抗日战争时期，日本鬼子侵略我国，残酷地屠杀人民；地主、资本家血腥地统治、压迫和剥削人民，劳苦人民无法生活。我爸爸参加过共产党所领导的抗日斗争，1945年被日本鬼子抓住，惨遭毒打，吐血而死。全家无法生活，我12岁的哥哥到离家几百里的津市一个机械厂当徒工，经过资本家一年左右的折磨，得了童子痨（肺病）。一天，哥哥昏倒在机器旁，压伤了胳膊，轧断了手指，资本家看他再无油水可捞，便把他赶出了工厂。回家伤势稍好，他又到荣湾市当皮匠，学印染。由于劳累过度，病情恶化，我的哥哥死于1946年。

我和妈弟三人，只好上街乞讨，我那幼小的弟弟受不了那种生活的折磨，活活饿死在母亲怀里。可恨的唐地主，逼迫我妈到他家做女工，我也跟着去了，我妈给他家喂奶带小孩子，给小孩洗尿洗屎，给少奶奶倒马桶。我给他家扫地，抹桌凳。后来妈妈被唐地主强奸，我妈被逼得上天无路，入地无门，在1947年8月中旬的一天晚上自杀。那天晚上，她泪汪汪地对我说："苦命的孩子，妈妈不能和你在一起了，靠天保佑，你要自长成人。"她脱下自己的一件衣服披在我的身上，叫我到六叔祖母家去睡。我走后，她就上吊了，和我永别了！

（哭声……）

我母亲死时我还只有7岁，旧社会使我无法活下去。在那吃人的社会里，三大敌人压得我简直没法活命，那些仇恨我一定不能忘记，我要报仇。

一个农民介绍我到地主家看猪，每天看十头猪，要给猪洗澡，晚上没有地方睡，有时还要和猪睡。有一天扫猪栏扫不干净，地主卡着我的脖子打。过年地主吃鱼吃肉，把肉喂狗，我也想吃点，我捡了喂狗的肉吃，被狗腿子揪着耳朵，揪出了血，我哭了，地主把我往外面拽，不给我饭吃。我一个同伴很同情我，但也没有办法，就装了点猪食给我吃。

有一天是8月15日，天已经黑了，地主要我到六里外去打酒。到酒店，店主已经睡觉了，喊门叫不开，我就哭起来，他们才开门。我一天没吃饭，在回来的路上走不动了，跌了跤，把酒也洒了些。回来时地主还坐在床上等着吃呢，一进门就说我回来晚了，打了我几个耳光。又说我洒不够，我说洒了点，他怪我把钱买糖吃了，一拳就打在我鼻子上，出血了，一脚又把我踢在地上。当晚不给我饭吃，我没有办法，就到屋后挖了两个地瓜吃，又被地主婆打了一顿耳光。1947年在地主家看猪，一天我用小罐子煮了点野菜，煮好了正准备吃，被地主家的一只猫刮倒了，狗又跑来吃了我的菜。我就打了狗，狗也咬了我，被地主婆看到了，她说打狗欺主，要打死我，还骂道："这样的穷鬼打死十个少五双，死一个少一个！"多亏毛奶奶说情，才没有打死我。第二天地主把我赶出来，我在破庙里住了几天，只得吃野果山枣。解放后，我看了《白毛女》电影后，心里非常痛，在吃人的旧社会里像我这样的人很多，都被搞得妻离子散、家破人亡。我一定革命到底，不消灭反动派决不甘心。

　　旧社会的苦是我们的阶级苦，我时时记住这血泪仇。我想到全世界人民没有得到解放，我国台湾也还没有解放。想起他们我心里就难过，一定要解放台湾，打倒帝国主义，把我的一切献给人民，献给党。

　　1949年我的家乡解放了，地下党员彭乡长找到了我，我那时真不像样子了，头发长得很长，身上披了一个旧麻袋。他给我洗了澡，给我换衣服，过年还把我接到他家里做好了菜给我吃。我好像做梦一样，心里非常感激彭乡长，就跪在他面前。他说："孩子，不要感谢我，是伟大的党和毛主席救了你，要感谢党和毛主席。"后来党又送我到学校念书，老师给我和同学发了新书，看到同学都交了费，我就找老师说我还没有交费呢，老师就说："这是党送你读书的，你永远不要忘记了他老人家。"所以我第一次就在笔记本上写了"毛主席万岁"五个大字。我非常感谢党和毛主席，连睡觉做梦都想见到毛主席。后来有一个同志带我到了毛主席家乡去参观，有一个老爷爷给我讲了毛主席的故事。毛主席热爱学习，热爱劳动，处处从人民的利益出发。我非常感动，一定要好好学习，做毛主席的好学生。功课每天都做完，星期天也不休息，晚上9点多钟才睡，我想将来很好地为人民服务。所以一年级时我考了第一名，二年级也是第一名。二年级土改斗地主，我们乡里成立了儿童团，我参加了，后来大家选我当团长。大人搞生产很忙，我们儿童团就去看管地主，斗争那个姓唐的地主时，我非常气愤，恨不得一口气要吃掉他，旧仇都一齐涌到我的心头上，母亲是在他家做女工时被害死的，我在他家放猪遭到了非人的折磨，斗争后就把他枪毙，为我们的阶级兄弟报了仇。

  只有好好学习，将来才能更好地为人民服务，报答党的恩情。我在三年级时，参加了少先队，我是第一批入队的。队伍发展了，大家选我当队长。我们队的工作搞得很好，评为全县的一个先进单位，这是队员们的努力。

我于1956年高小毕业，正是党号召大办农业、发展农业生产的时候。老师要我们学生填志愿，很多人都填志愿要入技校、高中，我就在志愿书上写着"党的需要就是我的志愿"。当时这样填的，班上只有两个人，一个是贫农的女儿愿意回村养猪。老师让我升学，我向学校写了决心，要求到农村参加农业生产，去建设新农村。农业是国民经济的基础，到农村可帮助农民扫盲，去锻炼和改造自己，农村是广阔的天地。毛主席说有两门知识：实践知识、书本知识。我再三保证，才批准了我的要求。到农村几个月收获很大，学了犁耙和许多生产知识。

同我去的那个女同志成了养猪模范，上北京见了毛主席。她经常对我进行帮助。在农村是艰苦一些，但是想到建设新农村，我就很乐意干了。

1956年12月，调我到望城县委会工作。县委张书记经常教育我，给我讲革命故事，买书给我看，对我帮助很大。

1957年2月，我入了团。

1958年，望城县委在团山湖创办了农场，我要求到农场去，张书记批准了我的要求。到农场后，场长对我很好。有一次，我同场长去开会，路上碰上雨，一个同志借了一件雨衣给场长，他要给我穿，我不肯，推来推去，最后两人都有了才算作罢。

我生了一身疗子（疮），场长把我送到医院，场长、书记天天来看我，送东西给我，对我非常关心，我很感动。医生叫我住一个星期医院，我住了3天，就从窗户偷跑回来，到工地参加劳动去了。不久我被调回县委工作，县委会要建立拖拉机站，团县委号召捐钱买拖拉机。我那月发薪29元，除了9元伙食费，捐了20元。县委要我学开拖拉机，我又当了望城县第一名拖拉机手，学了5个月，就毕业了。回来时，张书记还给我戴了一朵大红花。

每天白天、黑夜，我就驾着拖拉机耕地，一天工作十多个小时，我也不觉得累，后来粮食丰收了，我非常高兴，原来是荒湖，现在开垦成了良田。

1958年，党发出大炼钢铁的号召。毛主席说，没有工业，就没有国防，没有人民的幸福。要有钢铁，就只有听毛主席的话，自力更生。那时鞍钢到望城县招工，我再三要求，还是不同意，我又找到张书记，才批准我。1958年11月15日，离开县委，不久来到鞍钢，看到大机器，我非常高兴。到鞍钢后，人事科长找我谈话，说："你以前当过公务员，你还给首长当公务员，跟着首长一起住洋房，坐小汽车，生活很好。"我不同意，说我不是来享受的，是来工作的。后来，才送我到技校学习，学了两个月回来，当了推土机手，人小机器高，我就垫了一些东西才勉强开得动。

1959年2月，全国各地很多青年到鞍钢学习，党给了我一个任务，要我帮兄弟厂带了个学员，厂里要给我36元师傅费，我拒绝了，有一个老师傅说给钱你不要，是"傻子"。我这个人要没有党和毛主席连命都没有，能开推土机、学技术，是党和毛主席给我的。

1959年8月，鞍钢扩大焦化厂，在辽阳建厂，条件很艰苦，我要去，副厂长不让我去，在我坚决要求下，才让我去的。那里条件很差，有些同志不安心工作，不愿意挑大筐，不愿意盖房子，有的说怪话。这时我想起自己是共青团员，坚决不动摇；想起最艰苦的地方也是党最需要我的地方，是党考验我的时候。我就向李书记表决心，愿意干一辈子，李书记对我教育说："干革命不但要埋头苦干，还得懂得革命道理。"他买了一本毛主席著作给我。从那时起，我就开始学习毛主席著作。前一段我只知道感谢党的恩情，埋头苦干，自己干好了就行了，从这时候起，我开始学习，碰到很多困难，有些字不懂，看小说也一样。李书记又告诉我，学习毛主席著作要有的放矢，从实际出发，带着问题学习毛主席著作。那时盖房子是冬天，和稀泥是关键，是最艰苦的工作。稀泥供不上，这个困难怎么办，我就带着这个问题学习毛主席著作。毛主席说："艰苦的工作就像担子，摆在我们的面前，看我们敢不敢承担。担子有轻有重，有的人拈轻怕重，把重担子推给人家，自己拣轻的挑，这就不是好的态度。"毛主席的教导使我得到深刻的启发，听毛主席的话，把重担子挑起来，一定选艰苦的工作干。我就争着去和泥，水结了冰，和不动，我就脱掉鞋裤，赤着脚，冻得厉害，手脚都冻麻了，但想到为祖国建立化工厂，心里挺暖和的，又有两个青年和我一起干起来，这是我学习毛主席著作第一次收到了效果。后来又搞技术革新，怎么搞？我又学习毛主席著作，主席说："你要有知识，你就得参加变革现实的实践。你要知道梨子的滋味，你就得变革梨子，亲口吃一吃。"我就和同志们一起参加劳动，我又和同志们一起学习毛主席著作。有天晚上，我正在学《关心群众生活，注意工作方法》，到半夜，突然下起雨来，我跑到调度室听说还有7200袋水泥没盖，被雨打湿就完了，心里很着急，怎么办？我想到了向秀丽，想到了毛主席的教导："无数革命先烈为了人民的利益牺牲了他们的生命，使我们每个活着的人想起他们就心里难过，难道我们还有什么个人利益不能牺牲，还有什么错误不能抛弃吗？"这时我马上叫起二十多个青年把自己的棉衣、被子拿去盖了。被子被打湿了，但看到国家财产没有受到损失心里很高兴。

　　党的八届八中全会以后，人民公社成立了，我学习了八届八中全会文件，自己想我为人民公社做了什么？我每天就捡大粪积肥，一个月捡了700多斤，送到了公社，公社要算钱，我说我没有什么礼物送公社，这些大粪就作为我的礼物吧！

　　一次碰到了一个老头在冬天早晨没有穿棉衣，我就脱了自己的棉衣，送给了他。毛主席说关心他人比关心自己为重。老头说不出话来，约我到他家去。他给地主放了20多年羊，现在是个工人，有个母亲70多岁，爱人50多岁和3个孩子。我后来又送了几件衣服给他，我常到他家，他还要我做干崽，我很爱他家。这是毛主席思想教导我所产生的阶级感情。

　　厂里开展社教以后，一次工会副主席对我说："工厂是集体的，你不要那么认真，要注意身体。"那天我睡不着想不通，他是工会副主席为什么这样。又过了几天，他又找我谈:"小雷,工厂大鸣大放,叫大家提意见,你要放就放几条,过去旧社会什么都有卖的,有鱼肉,现在什么也买不到。"我想在旧社会吃鱼肉的是地主,穷人哪吃得起呢!心里对他有意见,但是不敢对他提意见,他是工会副主席。李书记说大鸣大放要站稳立场,听党和毛主席的话。我看了《中国社会各阶级的分析》一文,我就用阶级分析的方法,对工会副主席进行了分析,看到他不是我们的人,我就将情况向李书记反映了,李书记要我以后注意他的言行。有一次在厕所,他又对一个新工人说过类似的话。我听了很气愤,又马上报告了党委。经过调查才知道,他是一个混进党内的异己分子,当过土匪,后来被开除了党籍,进行劳动改造。这件事对我教育很深。

  1959年12月8日,李书记在青年会上做了应征入伍的报告,我听了很激动,一晚也睡不着,半夜跑到了李书记那里,把他叫起去报名,连棉衣也忘记穿,他把自己的棉衣给我穿上说:"你先睡觉吧!明天再来。"当晚我又写了一篇稿子"决心应征",4点多就去了,但只报了第二名。我想体检我一定要搞第一名,第二天半夜,我就起来去体检,传达室不让我进去,我说是起来解手去,出了大门后,正碰上一个军车,我就坐上了车,到了辽阳兵站。碰上了一位少校首长，一进门他就问："小雷你怎么这么早？"我很奇怪他怎么认识我，他拿了一张登了我的事迹的报纸给我看，说："你那次搞劳动，我就认识了你。"他把我带到办公室谈了一会，问："为什么要入伍？"我说："为了消灭帝国主义，解放台湾同胞，一定要当解放军，保卫祖国，捍卫边疆不被侵犯。"

后来搞体检，量我血压高了不合格。我说："我休息一会，再检查好么？我昨天晚上没睡觉，今天早晨没有吃早饭。"后来李书记来了，对武装部政委说："他昨晚没睡觉，很激动。"那位少校也给医生讲了，检查才合格。第三项检查身高，我就伸长脚尖，被医生发现，后来正好及格。检查体重我才48公斤，我又向医生说我还没吃早饭呢！吃了饭就会合标准！

1960年1月8日，我入伍了。我到了部队，首长把衣服、帽子给我一穿，对镜子一照，特别高兴，不知怎么说才好。一夜没睡，感冒了，营长半夜来查铺看我咳了几声，马上叫医生来给我看病，并把自己的被子给我盖上，使我非常感动。

首长经常对我说，我们的军队是人民的子弟兵，有明确的政治方向。鼓励我做毛主席的好战士。懂得革命道理才能当好毛主席的好战士。我也积极学习毛主席的著作,挤时间学,有时晚上学习太晚,头昏,我就洗一洗脸。我想到自己的觉悟低,一定要好好学习,利用开饭前后,有时连到厕所我也不放过学习,部队规定9点钟熄灯,我就买个手电,在被子里学。我学完了《毛泽东选集》一至四卷,其他政治书籍60多本,重点学了《反对自由主义》、《将革命进行到底》、"老三篇"、《矛盾论》、《实践论》。学了毛主席著作以后,使我眼亮心宽,懂得了一个人应该怎么活着,树立什么样的人生观,对我帮助很大。在学习中,我曾碰到很多困难,但我没有向困难低头。开展军事训练,投手榴弹,我体力差,投不远,这时又学习毛主席著作,毛主席说要向困难作斗争。投手榴弹是练战斗本领,为了消灭敌人,不练好本领怎么消灭敌人,因此我经常天没亮就起来练投手榴弹,手臂练肿了,但我从未终止,练了一个多月,搞实弹练习时,我合格了。

| 附录二 |

雷锋生平大事记

附录二 | 雷锋生平大事记

　　雷锋同志生前是一个穷苦人家的孩子，在旧社会受尽了千般苦，在新社会下，他受到党的培养，刻苦学习，满腔热情地工作，先后成为少先队队长、共青团员、共产党员、人民的公务员、望城县第一位拖拉机手、鞍钢优秀的建设者、中国人民解放军沈阳部队工程兵某部运输连四班班长。在部队四年零八个月中，雷锋同志在平凡的岗位上做出了不平凡的事迹，荣立二等功一次，三等功三次，团、营嘉奖多次，被评为"节约标兵"和"模范共青团员"，被誉为"毛主席的好战士"，并被选为抚顺市人民代表大会代表。共和国的三代领导人及许多各级共和国的重要领导人、外国友人都为之亲笔题词。雷锋是当之无愧的共和国骄子、人民的楷模！

　　1940年12月18日　雷锋出生于湖南省望城县一个贫苦农民家庭。

　　1947年秋　父亲雷明亮、母亲张元潢、哥哥雷正德和弟弟相继悲惨死去，7岁的雷锋成了孤儿。

　　1949年8月　雷锋家乡解放。

　　1950年初　土地改革开始。雷锋分得3.6亩耕地，还有一些生活用品，如床、蚊帐、锅、箱子等。

　　1950年夏　入学，在刘家祠堂小学读书。

1954年夏　考入清水塘完全小学，加入少先队，被选为中队委员。

1955年　转入荷叶坝小学。这年春天，在农业合作化高潮中，雷锋把土改中分得的3.6亩田全部入了社。

1956年7月15日　从荷叶坝小学毕业。

1956年7月—9月　在生产队当了近3个月秋征助理员，搞征收公粮工作。

1956年9月　在安庆乡政府当通讯员。

1956年11月17日　到望城县委当公务员。

1957年2月8日　光荣加入中国新民主主义青年团，同时被评为县委机关工作模范。

1957年夏　担任望城县治涝工程指挥部通讯员。治涝工程结束，被评为治涝模范。

1958年春　响应望城县团委提出的捐献一台拖拉机的号召，雷锋捐款20元，成为全县青少年中捐款最多的一个。县委决定派雷锋学开拖拉机。

1958年3月16日　在《望城报》发表第一篇文章《我学会开拖拉机了》。

1958年秋　到韶山瞻仰毛主席故居。

1958年10月　由原名雷正兴改为雷锋。

1958年11月15日　到鞍山钢铁厂参加社会主义建设。被分配在鞍钢化工总厂洗煤车间当推土机手。不久，出席鞍山市青年社会主义建设积极分子代表大会。

1959年8月20日　报名到鞍钢弓长岭矿山参加新建焦化厂工作。

1958年10月至1960年1月　在鞍钢一年零二个多月时间里，3次被评为先进工作者，5次被评为红旗手，18次被评为标兵，荣获青年社会主义建设积极分子称号。

1959年12月9日　弓长岭《矿报》发表雷锋《我决心应召》的申请书，表达了积极要求参军的坚定决心。

1960年1月2日　新兵换装集中待发。雷锋因无政审表，难以批准入伍。辽阳市兵役局余新元政委送雷锋到新兵大队，当"便衣通信员"。

1960年1月7日　当晚，接兵参谋戴明章通过长途电话向工兵团团长吴海山请示，雷锋虽无政审表，可是个优秀青年，能否先带到部队。经同意，在登车出发前8小时，雷锋终于穿上新军装。

1960年1月8日　雷锋入伍第一天。当天下午，作为新兵代表在全国欢迎新战友大会上发言。

1960年3月　新兵连训练结束，雷锋被分配到运输连当驾驶员。下连不久，又被抽调参加团里战士业余演出队。

1960年4月　从团里战士业余演出队回到运输连。一个月后，雷锋成为新兵中一名合格的汽车驾驶员，第一个下到战斗班。

1960年8月　参加上寺水库抢险救灾，带病连续奋战7天7夜，表现突出，团党委为雷锋记三等功一次。

1960年8月　把平时节约下来的200元钱分别支援抚顺市望花区人民公社和辽阳水灾区，受到部队表彰。

1960年9月　雷锋所在部队工程兵工程第十团连续收到两封地方来信，表扬雷锋给驻地公社和灾区人民各寄去100元钱。政治处派人到雷锋所在连队了解这件事情时，发现雷锋入伍8个月来有不少艰苦奋斗、助人为乐的事迹很感人，联系雷锋入伍后各方面表现突出，团党委作出决定，树立雷锋同志为全团艰苦奋斗的"节约标兵"。

1960年11月8日　运输连支部党员大会通过雷锋入党申请。

1960年11月9日　工兵团党委批准雷锋为中国共产党党员。

1960年11月23日　沈阳军区工程兵党委作出授予雷锋"模范共青团员"称号决定。

1960年11月24日　沈阳军区副政治委员杜平中将在审阅雷锋先进事迹的报道稿时作了重要批示，要求全区部队学习雷锋精神。

1960年11月26日　沈阳军区《前进报》用两个整版的篇幅宣传雷锋事迹。在一版发表了新华社记者佟希文、李健羽等采写的《毛主席的好战士》的长篇通讯；刊登了军区副政委杜平中将的重要批示手迹；报道了沈阳军区工程兵党委决定授予雷锋同志"模范共青团员"称号的消息；发表了《不忘过去，发愤图强》的社论。还在一、二版内刊登了反映雷锋优秀品质的4幅照片。

1960年11月27日　雷锋荣立二等功，作为立功代表在全团授奖大会上。

此后，雷锋又荣立三等功一次，受团、营嘉奖多次。

1960年12月1日　雷锋从1959年8月30日至1960年11月15日的15篇日记在沈阳军区《前进报》首次发表。

1960年12月11日　《抚顺日报》刊载了介绍雷锋先进事迹的长篇通讯《毛主席的好战士》和《雷锋日记摘抄》，并配发了编者按语。

1960年12月13日　《辽宁日报》发表了介绍雷锋先进事迹的长篇通讯《红色的战士雷锋》。

1960年12月　《人民日报》《中国青年报》《解放军报》分别以《苦孩子成为优秀的人民战士》《苦孩子——好战士》《一颗茁壮的新苗》为题，相继发表了新华社播发的介绍雷锋事迹的文章。

　　1961年2月3日　应邀到海城驻军作忆苦思甜报告，见到了全国战斗英雄郅顺义（董存瑞的战友）。

　　1961年5月　雷锋作为全团唯一候选人，被选为辽宁省抚顺市第四届人民代表大会代表。

　　1961年5月14日　雷锋被选升为副班长。

　　1961年7月27日　接到抚顺市人民委员会通知书。

　　1961年7月31日至8月3日　出席抚顺市第四届人民代表大会第一次会议。

　　1961年8月　雷锋被选为运输连四班班长。

　　1962年1月27日　雷锋被批准晋升为中士军衔。

　　1962年春节　雷锋在《前进报》发表《62年春节写给青年同志们的一封信》。在此前后，雷锋又在《前进报》发表了《在毛主席的哺育下成长》《我是怎样从一个苦孩子成长为毛主席的好战士的》《做毛主席的好战士》等署名文章。

　　1962年2月14日　雷锋被选为党代会代表，出席工程兵十团党代表大会。

1962年2月19日　雷锋以特邀代表身份，出席沈阳军区首届共产主义青年团代表会议，并被选为主席团成员，在大会上发言。

1962年5月　雷锋被共青团抚顺市委评为抚顺市优秀校外辅导员。

1962年8月15日　战友乔安山向前开车时撞到一根晾衣服的木杆，不幸打在雷锋右太阳穴上。雷锋身负重伤，经抢救无效，于12时5分不幸牺牲，年仅22岁。

1962年8月17日　"公祭雷锋同志大会"在抚顺市望花区人民委员会礼堂举行。沈阳军区司令部、政治部，雷锋生前所在部队和抚顺市委、市人委敬献了花圈。公祭大会结束后，当雷锋的灵车经过望花大街时，数万人民群众自发地前来为雷锋送葬。

|附录三|

雷锋图录

・雷锋故居

・雷锋小时候穿过的竹展、用过的油灯

· 雷锋小时候帮人砍柴用过的柴刀、扁担

附录三 | 雷锋图录　　　　　　　　　　　　　　　　　　　177

· 上：共青团望城县委会发给雷锋的捐款证书
· 下：先进生产者奖状

・鞍钢《弓长岭报》（1959年11月10日）

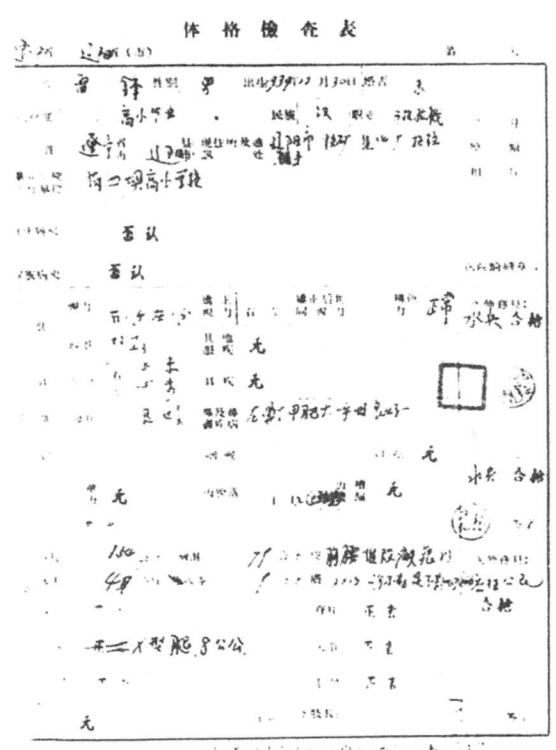

·雷锋的体格检查表

· 雷锋的兵役登记表

·雷锋的入伍通知书

· 雷锋用过的军徽领章

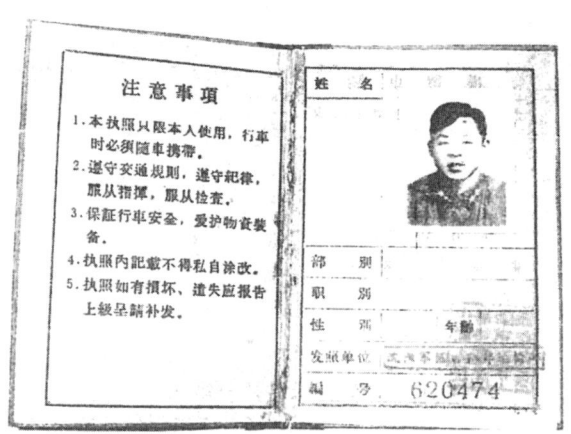

· 雷锋的机动车辆驾驶执照

附录三 | 雷锋图录

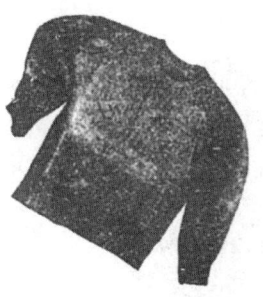

• 在参加治涝水工程中被评为治涝模范时县政府给雷锋的奖品——一件秋衣

• 雷锋用过的搪瓷杯、挎包、水壶

• 雷锋用过的针线包、存钱罐

• 雷锋用过的毛巾、饭盒

· 雷锋在 1958—1962 年写的 9 本日记

·《雷锋日记》剪影

・沈阳军区《前进报》(1960年11月26日)

・《解放军画报》(1961 年第 2 期)

・《解放军画报》(1962 年第 6 期)

・《新湖南报》（1963年3月13日）

·《湖南日报》（1990年3月5日）

附录三 | 雷锋图录

· 雷锋纪念碑

· 雷锋纪念馆

雷／锋／语／录

学习雷锋好榜样

洪　源　词
生　茂　曲

$1=G \quad \frac{2}{4}$

5·3 21	5 —	1 23	5 —	5· 3
学习 雷锋	好	榜样	样，	忠于
学习 雷锋	好	榜样	样，	放到
学习 雷锋	好	榜样	样，	艰苦
学习 雷	锋	好	榜，	毛主席的

2 35	1 63	2· 0	3 5	6· 5
革命	忠于	党．	爱憎	分明
哪里	哪里	忘．	愿做	革命
朴素	永不	上．	克己	为人
教导	记心		紧紧	握

3 5	2·3 21	6 3	22 1	6 1
不	忘本，	立场	坚定	斗志
螺丝	钉，	集体	思想	放光
是	范，	共产	品德	多
手	枪，	努力	学习	天天向

5· 0	5· 3	6 5	6 23	5 0
芒，	立场	坚定	斗志	强
强．	集体 主义	思想	放光	芒．
尚．	共产 主义	品德	多 高	尚．
上．	努力 学习		天天向	上．

·《学习雷锋好榜样》曲谱